EL MODELO DE MUNDELL-FLEMING

Hacia un equilibrio macroeconómico

Por Jean Blaise Mimbang
Traducido por Marta Sánchez Hidalgo

Economía y empresa 

LAS CLAVES PARA EL ÉXITO

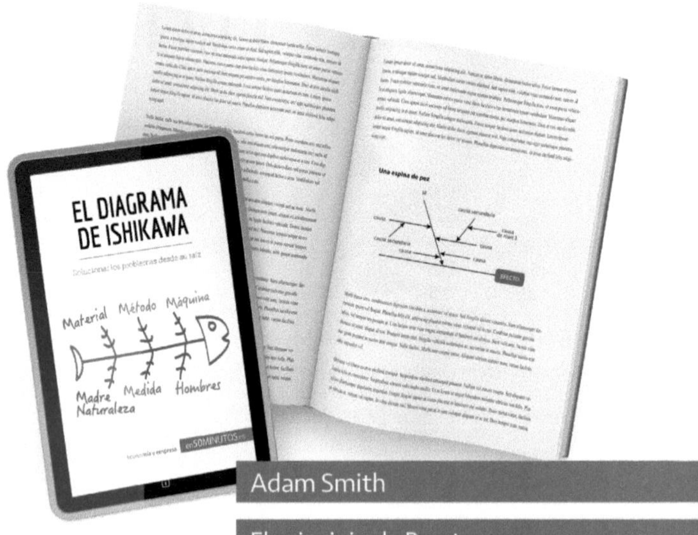

Adam Smith

El principio de Pareto

El estrés laboral

La pirámide de Maslow

EL MODELO DE MUNDELL-FLEMING

- **¿Denominaciones?** Modelo de Mundell-Fleming, modelo IS-LM en economía abierta, modelo IS-LM-BP
- **¿Utilidad?** Este modelo está en el centro de la macroeconomía internacional puesto que engloba el comercio exterior además de los movimientos de capitales en economía cerrada (a escala nacional). Se corresponde con:
  - el modelo básico del FMI (Fondo Monetario Internacional);
  - el argumento teórico a favor de la institución de una unión monetaria europea;
  - el marco general de la política económica en el seno de la zona euro.
- **¿Por qué es eficaz?** El modelo de Mundell-Fleming:
  - permite comprender cómo afecta la elección de la tasa de cambio fija y la tasa de cambio variable a la eficacia de las políticas económicas en una economía abierta a los intercambios internacionales;
  - generaliza la teoría keynesiana en el caso de una economía abierta al resto del mundo;
  - permite prever los efectos del hundimiento de los derechos de aduana y de la explosión de los mercados de capitales y así como la transmisión internacional de las crisis monetarias en economía;
  - muestra cómo un país puede utilizar las políticas presupuestarias y monetarias para alcanzar simultáneamente el equilibrio tanto en el seno de sus fronteras como fuera de ellas;
  - asegura que la política monetaria en cambios flexi-

bles y la política presupuestaria en cambios fijos son eficaces;

- justifica la idea según la cual el Banco Central Europeo debe ser independiente y responsable de la estabilidad de los precios para no inundar el mercado de monedas, lo que haría que perdiesen su valor.

- **¿Palabras clave?**

  - <u>Anclaje de una divisa</u>: unión que fija por completo el valor de una moneda en relación con otra, con posibilidades de fluctuaciones muy limitadas en relación con el tipo de referencia.

  - <u>Economía abierta</u>: economía que participa libremente en el comercio internacional y para la que las exportaciones representan una parte importante del Producto Interior Bruto (PIB).

  - <u>Sistema Monetario Europeo (SME)</u>: sistema que se basa en el principio de la tasa de cambio estable entre las monedas de los países miembros del SME. Este sistema se apoyaba en el ECU (*European Currency Unit* o «Unidad Monetaria Europea», una canasta de monedas de los países de la Comunidad Económica Europea (CEE) y luego de la Unión Europea antes de la adopción del euro). Lo adaptó el Consejo Europeo de Bremen de julio de 1878 y el Consejo Europeo de Bruselas de diciembre de 1978.

  - <u>Balance de Pagos (BP)</u>: balance que cuenta un período determinado de todos los movimientos de los bienes y servicios, de los capitales y de las monedas a través de las fronteras de un país.

  - <u>Banda de fluctuación</u>: régimen de cambio que define la paridad fija de una moneda nacional en relación con una divisa (moneda extranjera) y que permite además fluctuaciones con relación a su tipo de referencia.

- Divisa: moneda extranjera que podemos cambiar por una moneda nacional.
- Paridad central: valor oficial de una moneda con relación a otra. En el SME (Sistema Monetario Europeo), la paridad central es la paridad oficial de una moneda expresada en escudos.
- Moneda: conjunto de medios de pago utilizado en un país.
- Paridad (central/resbaladiza): tasa de cambio fijo definida con relación a un patrón de referencia que determina la conversión de una moneda a otra. La paridad puede ser central cuando los Bancos centrales informan a los mercados de la paridad considerada deseable; o resbaladiza cuando la tasa de cambio se fija periódicamente.
- Tasa de interés: prima de renuncia al consumo o al uso inmediato de la moneda.
- Tasa de cambio o curso de cambio (e): precio de una divisa expresada en moneda nacional, es decir, la cantidad de moneda nacional necesaria para procurarse una unidad de moneda extranjera.
- Triángulo de incompatibilidad: desarrollado por el economista canadiense Robert A. Mundell (nacido en 1932), este triángulo muestra la incompatibilidad entre la autonomía de la política monetaria, la tasa de cambio fijo y la movilidad internacional de los capitales.
- Zonas monetarias óptimas: zonas geográficas en cuyo interior la tasa de cambio fija es la mejor solución en

el plano interno y la tasa de cambio variable la mejor solución en el plano externo.

Puesto que el desarrollo económico de los países se traduce por la movilidad cada vez más importante de los capitales y por la multiplicación de los intercambios internacionales, observamos un refuerzo de las relaciones de interdependencia entre las economías del mundo. Además del flujo de las mercancías representadas por las importaciones y exportaciones de los bienes y servicios, las relaciones entre los países atañen a su vez a los pagos internacionales, a causa de las diferentes monedas que existen y que encontramos en un determinado espacio económico u otro.

Desde entonces parece esencial que haya una buena comprensión de los intercambios internacionales y de las consecuencias que pueden generar las transacciones realizadas por los residentes de un país con el extranjero. El modelo de Mundell-Fleming se propone conceptualizar esta necesidad de integrar en el modelo de análisis del equilibrio macroeconómico nacional (modelo IS/LM) los intercambios internacionales. Una vez realizado esto, obtenemos un equilibrio macroeconómico en economía abierta.

DEFINICIÓN DEL MODELO

El modelo de Mundell-Fleming es una extensión en economía abierta del conocido modelo de equilibrio macroeconómico IS-LM, propuesto en 1937 por John R. Hicks (economista británico, 1904-1989) y Alvin H. Hansen (economista estadounidense, 1887-1975). Presentado por economistas de renombre, Robert Mundell y Marcus Fleming (economista escocés, 1911-1976), permite analizar el papel que tiene la movilidad internacional del capital en la eficacia de la política macroeconómica con distintos regímenes de cambio.

TEORÍA Y PRESENTACIÓN DEL MODELO MACROECONÓMICO

El modelo de Mundell-Fleming nace a principios de los años sesenta en un contexto de posguerra relativamente frívolo. En esta época, numerosos países se unen por el sistema monetario de Bretton Woods que preconiza cambios fijos y una movilidad débil de los capitales a escala internacional.

¿QUÉ ES EL SISTEMA MONETARIO DE BRETTON WOODS (1944-1971)?

Este sistema nace tras la Segunda Guerra Mundial durante una conferencia monetaria y financiera que tiene lugar del 1 al 22 de julio de 1944 en la ciudad estadounidense de Bretton Woods (Nuevo Hampshire). A lo largo del evento, 44 países aseguran que la recuperación de los intercambios internacionales y la reconstrucción de los países destruidos por la guerra pasan por la creación de un sistema monetario fijo, sentado sobre el oro y centrado en el dólar americano (Patrón Cambio Oro, *Change Exchange Standard*).

Según este principio, la paridad de las monedas nacionales debe expresarse o en términos de oro o en términos de dólar americano y debe mantenerse más o menos constante bajo el control del Fondo Monetario Internacional (FMI).

EL ORIGEN DEL MODELO DE MUNDELL-FLEMING

El modelo de Mundell-Fleming es esencialmente una extensión del modelo IS-LM que es a su vez una transcripción en términos neoclásicos de los elementos de la *Teoría general del empleo, el interés y el dinero* (1936) de John M. Keynes (economista británico, 1883-1946).

Las políticas keynesianas y el papel del Estado

Según Keynes, las economías modernas se caracterizan por un ajuste imperfecto de los precios (rigidez de los precios) que no permite coordinar las acciones de los diferentes agentes económicos. El resultado de ello es un desequilibrio del mercado de bienes y del paro en el mercado de trabajo (equilibrio de subempleo). La intervención del Estado resulta necesaria para corregir estas imperfecciones.

El papel regulador del Estado puede realizarse mediante diferentes instrumentos que son:

- **la política presupuestaria.** El presupuesto del Estado representa su principal instrumento para actuar en la economía. Una subida de gastos públicos permite aumentar la demanda que, con la hipótesis de la rigidez de los precios, conlleva un crecimiento de la producción y del empleo;

- **la política fiscal.** Consiste en bajar los impuestos para permitir una reanudación del consumo de los hogares. Cabe destacar que en economía cerrada, la política fiscal es menos eficaz que la política presupuestaria por la simple razón de que una bajada de impuestos se traduce en un aumento de ingresos disponibles, que no se consumen por completo (una parte está ahorrada y el ahorro es una fuga). La eficacia de una política de reactivación presupuestaria o fiscal se puede alterar por el aumento del tipo de interés, la apertura de la economía a los intercambios internacionales y el aumento de la deuda pública o por el grado de movilidad internacional de los capitales;
- **la política monetaria.** La política monetaria tiene el objetivo de procurar a la economía de un país la cantidad de dinero necesario para el crecimiento económico y la realización del pleno empleo respetando la estabilidad de los precios (a nivel interno) y la estabilidad del intercambio (a nivel externo). Cuando la oferta de la moneda es superior a la demanda, el papel de la política monetaria es permitir una disminución del tipo de interés necesaria para la reactivación de las inversiones. El efecto en la actividad es indirecto. Por eso la política monetaria tiene un papel de acompañante de la política presupuestaria para los keynesianos (*policy mix*). La eficacia de este tipo de política depende de tener en cuenta el hecho de que el tipo de interés no es el único canal de transmisión de la política monetaria. Además, conviene asegurar que la oferta de la moneda conlleva una bajada del tipo de interés. Finalmente, esta política está relacionada con la movilidad internacional del capital.

Las políticas estatales

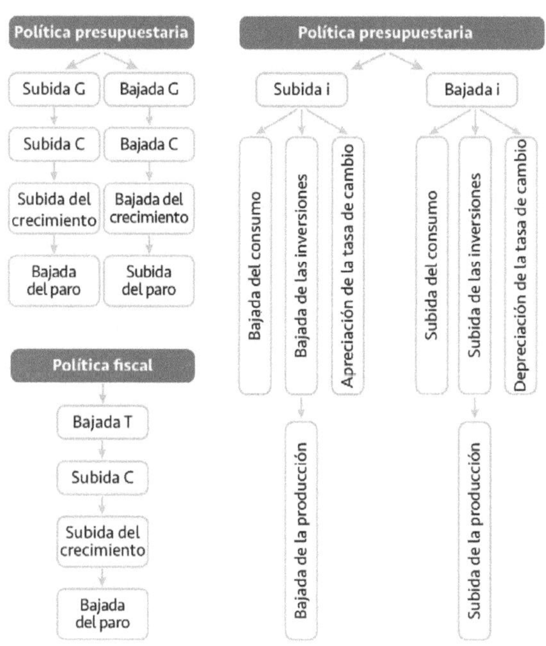

El modelo IS-LM para entender el equilibrio de la economía de mercado

Heredero del pensamiento de Keynes, John R. Hicks (economista británico, 1904-1989) propone el modelo IS-LM en un artículo de 1937 publicado en la revista *Econometrica* llamado «Mr Keynes and The Classics: a Suggested Interpretation». En él considera de manera conjunta el mercado de bienes y los mercados de servicios. Este artículo se completa en 1953 con los trabajos de Alvin H. Hansen (economista estadounidense, 1887-1975) en su libro *Teoría monetaria y política fiscal*. Esta publicación sintetiza el contenido de la *Teoría general del empleo, el interés y el dinero* de Keynes.

Para los economistas poskeynesianos como Friedrich August Von Hayek (filósofo y economista austríaco, 1899-1992) y Milton Friedman (economista estadounidense, 1912-2006), el pensamiento de Keynes no puede resumirse en simples ecuaciones. Además, Hayek recuerda que la aplicación de esta teoría ha conducido a la inflación y al paro. Para Friedman, el mercado es el mecanismo de asignación óptima de los recursos. Por ello, una política monetaria solo funciona temporalmente. A pesar de estas críticas, el modelo IS-LM sigue siendo en la actualidad una herramienta fantástica para comprender y analizar las políticas económicas en vigor en los distintos estados de todo el mundo.

¿CÓMO FUNCIONA EL MODELO IS-LM?

Las hipótesis básicas del modelo IS-LM son:

- a corto plazo, se fijan los precios y el equilibrio se produce por el ajuste de las cantidades según la ley de la oferta y la demanda;
- la creación de la moneda es endógena, es decir, las autoridades tienen la posibilidad de hacer variar la oferta de la moneda a su antojo;
- el modelo vale en economía cerrada.

El modelo IS-LM muestra las dinámicas de los dos mercados: el de los bienes y servicios y el de la moneda. Los bienes son o consumidos (llamados «bienes de consumo»), o invertidos (llamados «bienes de equipamiento»). Los agentes económicos (empresas y hogares) piden la moneda por motivos de ingresos (para llenar el intervalo entre el cobro y desembolso), de precaución (para enfrentarse a los gastos imprevistos), de especulación (para comprar títulos con fines especulativos) y por motivos de empresa o de hogar (para cubrir los gastos de la vida cotidiana).

El modelo se presenta en forma de dos curvas: una muestra el equilibrio en el mercado de bienes y servicios (IS) y la otra el equilibrio en el mercado monetario (LM). El modelo permite determinar simultáneamente el equilibrio en estos dos mercados al establecer relaciones entre el tipo de interés (i) y el nivel de actividad llamado nivel de producción o de ingresos (Y).

La curva IS

La curva IS representa el conjunto de las combinaciones de las tasas de interés (i) y de ingresos (Y) que aseguran el equilibrio en el mercado de bienes y servicios. En este mercado, el nivel general de los precios dados, el ingreso (Y) se comparte entre el consumo (C) y el ahorro (S) ($Y = C + S$) y entre el consumo y los bienes de equipamiento (I) ($Y = C + I$).

Si consideramos que todos estos ingresos que proceden de la producción se distribuyen realmente, es decir $Y = Y$, obtenemos el equilibrio macroeconómico $C + S = C + I$ e $I = S$ que podemos expresar con la fórmula $I(i) = S(Y)$.

- **La inversión es una función decreciente del tipo de interés** (puesto que la subida de los tipos de interés aumenta el coste de financiamiento para las empresas y reduce la rentabilidad de los ingresos).
- **El ahorro es una función creciente del ingreso** (cuanto más ricos somos, más ahorramos).

Hay una relación decreciente entre el ingreso (Y) y el tipo de interés (i). Si el tipo de interés aumenta, la inversión disminuye. Por el efecto multiplicador, la inversión afecta al nivel de la producción. La curva IS es decreciente y se representa de la siguiente forma:

La curva IS

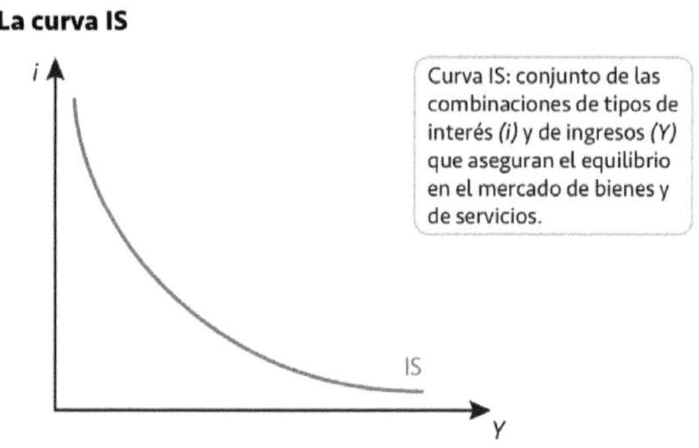

¿Sabías que...?

El equilibrio macroeconómico en un mercado de bienes y servicios se alcanza cuando el conjunto de ingresos de la producción se distribuye, es decir $C + S = C + I$ e $I = S$.

I representa la inversión en función de la tasa de interés (cuando la tasa de interés es baja, el ingreso aumenta puesto que el coste del dinero es bajo). *S* representa el ahorro en función del ingreso. En igualdad, cuanto más ricos somos, más ahorramos y el ahorro es lo que permite financiar la inversión. De ahí la relación *I (i) = S (Y)*.

La curva LM

La curva LM representa el conjunto de las combinaciones del tipo de interés (*i*) y de ingresos (*Y*) que aseguran el equilibrio en el mercado monetario. En dicho mercado, la oferta de la moneda (*M*) está determinada por el Banco Nacional. La demanda de moneda *L* (L de liquidez) se descompone en demanda de saldo (cash) para transacciones (motivos de ingresos, de precaución y de empresa o particulares) y de especulación.

- **La demanda de saldo para transacciones (*L1*) es una función creciente del nivel de ingresos** (cuanto más ricos somos, más gastamos y más necesitamos medios de pago); *M1 = L1 (Y)*.
- **La demanda de saldo para especulación (*L2*) es una función decreciente del tipo de interés** (cuanto más aumente el tipo de interés, es menos interesante conservar la moneda y más favorables son las perspectivas de invertir su ahorro).

La curva se explica por el hecho de que los especuladores conservan su saldo monetario cuando la cotización de títulos financieros es elevada, puesto que anticipan su bajada.

Cuando la cotización cae, lo utilizan para comprar títulos para realizar una plusvalía; $M2 = L2(i)$.

La demanda de moneda total corresponde a la suma de la demanda de saldo para transacciones ($L1$) y de la demanda de saldo para especulación ($L2$):

$$M = M1 + M2$$

es decir $M = L1(Y) + L2(i)$

En el cuadro de la curva LM existe una relación creciente entre el tipo de interés (i) y la renta (Y). Cuanto más elevado es el nivel de actividad –y los ingresos superiores–, más importante es la demanda de moneda de las transacciones. Cuando la oferta de moneda es fija, el tipo de interés debe disminuir (la demanda es superior a la oferta de moneda). Al equilibrio del mercado monetario, la relación entre el tipo de interés (i) y la renta (Y) es creciente. La curva LM se presenta de la siguiente forma:

La curva LM

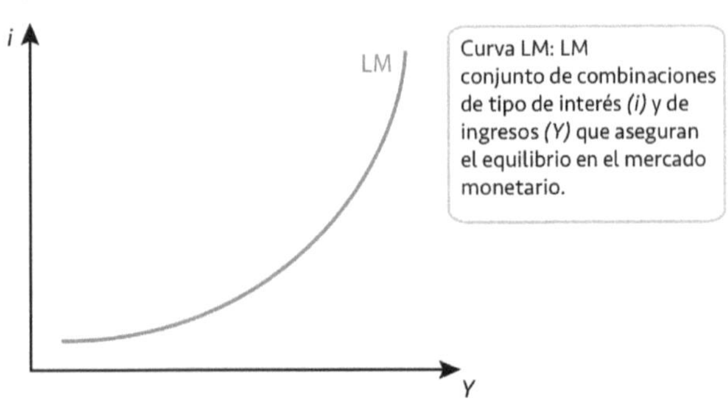

La inclinación de la curva LM es determinante para comprender los efectos de una modificación del tipo de interés y de la renta en el equilibro macroeconómico. Cuando la curva LM está poco inclinada, una variación de la actividad económica tiene poco efecto en el tipo de interés. A la inversa, cuando la pendiente es fuerte, una débil variación de la renta puede ocasionar una fuerte variación del tipo de interés.

Además, la forma de la curva LM depende de las funciones matemáticas de la demanda de moneda (transacción y especulación). Puede dividirse en tres etapas consecutivas:

- **la primera etapa corresponde a la trampa de la liquidez** (el tipo de interés es tan débil que los agentes aceptan reducir su efectivo especulativo para financiar las transacciones suplementarias sin una subida del tipo de interés);
- **la segunda etapa muestra la demanda de moneda imperfectamente elástica a los tipos de interés** (se necesita un aumento del tipo de interés para reducir el efectivo especulativo y financiar el desarrollo de la actividad económica);
- **la tercera etapa muestra el efecto especulativo nulo** (la demanda monetaria no es elástica al tipo de interés. Una subida del tipo de interés no permite generar el efectivo necesario para el financiamiento de la actividad económica).

La curva IS-LM

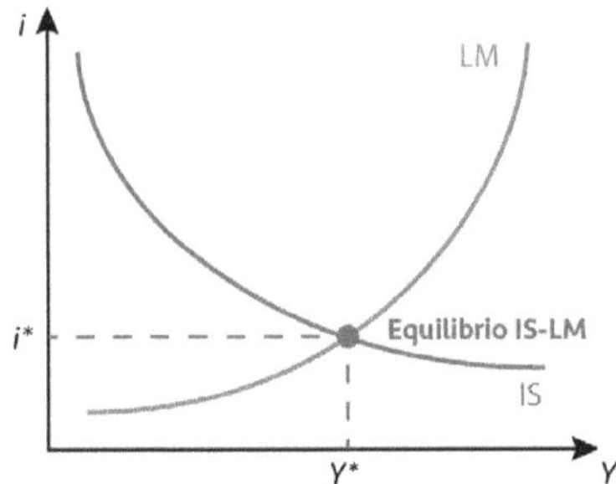

La intersección de las curvas IS-LM equilibra el modelo IS-LM (i^*, Y^*). Este equilibrio reposa en la pareja (i, Y) que verifica a la vez el equilibrio en el mercado de bienes y servicios (curva IS) y el equilibrio en el mercado monetario (curva LM).

Usos del modelo IS-LM

A diferencia de la hipótesis de la dicotomía (la esfera real opuesta a la esfera monetaria) defendida por los neoclásicos, el modelo IS-LM demuestra que existen interacciones entre el mercado de bienes y servicios y el mercado monetario. Este modelo permite destacar las diferentes variantes de la política expansionista para analizar su eficacia.

¿QUÉ ES UNA POLÍTICA EXPANSIONISTA?

Se trata de una política que conduce el gobierno de un país con el objetivo de reactivar la economía nacional. Esta política puede tener forma de una subida de los gastos públicos (política presupuestaria), la bajada de impuestos (política fiscal) o el aumento de la cantidad de moneda en circulación en el país (política monetaria).

- **Una política presupuestaria expansionista** consiste en aumentar los gastos públicos para ejercer un efecto multiplicador en la producción y en la actividad económica con masa monetaria inalterada. Los efectos de semejante política se miden en el desplazamiento a la derecha de la curva IS. Finalmente, una subida del gasto público conlleva un efecto multiplicador: sube la demanda de moneda de transacción, sube el tipo de interés y baja la inversión.
- **Una política monetaria expansionista** se traduce en un aumento de la oferta de la moneda y en un desplazamiento a la derecha de la curva LM. Este aumento de la oferta de la moneda acarreará una bajada del tipo de interés, una subida de la inversión y un efecto multiplicador del nivel de la actividad.
- **La combinación de las políticas monetaria y presupuestaria (*policy mix*)** es otra forma de alcanzar el objetivo de pleno empleo en el mercado de bienes y servicios y en el mercado monetario. Esta política se utiliza cuando el déficit público ocasionado por la política presupuestaria se financia por la emisión de la moneda. Genera un desplazamiento hacia la derecha de la curva IS y un desplazamiento hacia la derecha de la curva LM. Entonces, el efecto perverso de la política

Los movimientos de las curvas IS-LM en *policy mix*

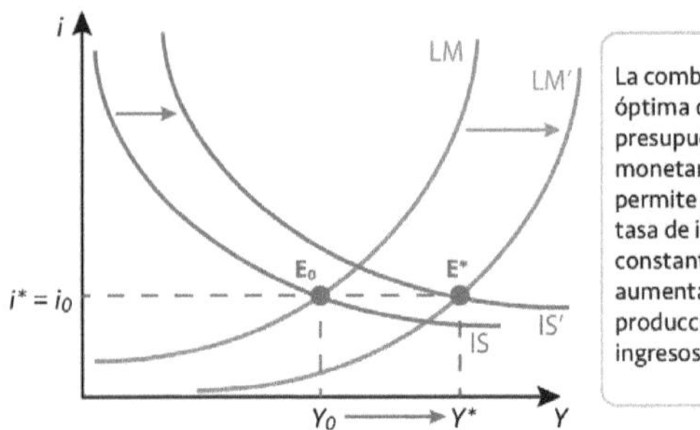

¿QUÉ ES EL MODELO DE MUNDELL FLEMING?

Desde que los países se abren al comercio internacional, el modelo IS-LM ya no es operacional porque no revela la realidad económica de los estados. El modelo IS-LM-BP o modelo de Mundell Fleming se desarrolló en respuesta a esta crítica.

La balanza de pagos

Los intercambios internacionales portan un aspecto particular por dos razones esenciales:

- la existencia de las fronteras que delimitan los espacios económicos;

- la ausencia de la moneda universal. Para importar o invertir el capital en el extranjero, hay que disponer de medios de pago extranjeros. Sin embargo, un país solo puede procurarse estos medios exportando mercancías o recibiendo capitales extranjeros.

Resulta necesario para cada nación medir y contabilizar sus intercambios con el extranjero. Dado que los residentes de un país solo pueden procurarse mercancías en los otros países con la ayuda de la moneda nacional, éstos deben disponer de divisas (moneda extranjera que se puede canjear por la moneda nacional; puede tratarse de la moneda real, fiduciaria, escrituraria o de billetes del banco). A falta de obtenerla mediante operaciones de intercambio de activos reales (bienes inmobiliarios, obras de arte, piedras preciosas, etc.) o financieros, el país debe endeudarse con el resto del mundo para satisfacer la demanda de sus residentes. El reembolso de esta deuda tendrá que hacerse tarde o temprano por la cesión de una parte del producto nacional a los países acreedores. Finalmente, un país puede por su lado procurarse bienes en el extranjero (comercio internacional) porque ha vendido productos al resto del mundo. Si un país no tiene nada que vender o que intercambiar con el resto del mundo, tendrá que endeudarse con respecto a otras naciones.

Con estas condiciones, comprendemos la causa por la que un país debe conocer con la mayor exactitud el estado y la evolución de los intercambios económicos que realiza con el resto del mundo. Los diversos movimientos de las mercancías y de los capitales influyen en el funcionamiento interno de las economías nacionales. Esta influencia se evalúa gracias al establecimiento de la balanza de pagos, que permite evaluar por sí misma la importancia y el grado de dependencia económica de los intercambios internacionales en la actividad de un país.

El objetivo de la balanza de pago no es hacer que aparezca el equilibrio de los intercambios con el exterior, sino sacar la forma por la que el equilibrio de las ganancias y los gastos se pudo realizar en un momento dado.

La construcción de la curva de la balanza de pagos (curva BP)

Para aprovechar las consecuencias de los intercambios internacionales en el equilibrio interior, también hay, como lo han demostrado Robert Mundell y Marcus Fleming, que integrar el equilibrio de la balanza de pagos al modelo IS-LM.

Por el hecho del doble registro de flujos, el saldo de la balanza de pagos siempre es nulo. Si llamamos BP al saldo global de la balanza de pagos, BTC al saldo de la balanza de transacciones corrientes y BK al saldo de la balanza de capitales, podemos decir que:

$$BP = BTC + BK = 0$$
$$\text{Es decir } BTC = -BK$$

- **El nivel de equilibrio de la balanza de transacciones corrientes depende de la renta nacional Y (BTC = BTC (Y)).**

Cuanto más elevado es el producto nacional, mayor es la capacidad de exportar e importar. El símbolo negativo precede a la balanza de capitales puesto que los movimientos monetarios cuentan en la balanza financiera en el sentido amplio.

- **Los movimientos de capitales dependen del tipo de interés *i*.** En realidad, estos movimientos dependen del diferencial entre el tipo de interés interior y los tipos de interés exteriores. Sin embargo, en aras de la simplificación, solo tendremos en cuenta el tipo de interés interior y sus variaciones. Asimismo, abstraeremos las variaciones posibles de la cotización de la moneda nacional (hipótesis de la tasa de cambio fija) y supondremos que los precios interiores son fijos. Podemos formular razonablemente:

$$BK = BK(i)$$

Resulta que el equilibrio de la balanza de pagos (BP) puede formularse:

$$BP(Y,i) = BTC(Y) + BK(i) = 0$$
$$\text{es decir } BTC(Y) = -BK(i)$$

La curva BP representa el conjunto de las parejas (Y, i) por las que se realiza el equilibrio de la balanza de pagos. Para realizarla no hemos tenido en cuenta las posibles variaciones de la cotización de la moneda nacional y hemos supuesto que los precios interiores eran fijos. Su forma lineal resulta de las hipótesis de partida. Se representa de la siguiente forma:

La curva BP

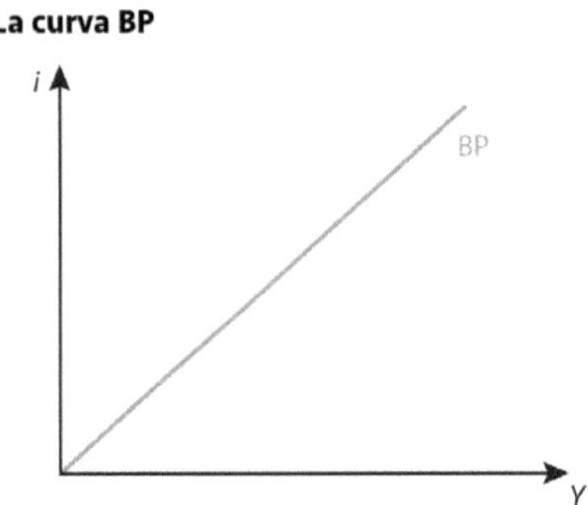

Gracias a la derecha de la balanza de pagos, es posible caracterizar los vínculos de causa-efecto que pueden establecerse entre la actividad interior de un país y los intercambios que éste realiza con el resto del mundo. De esta forma, para una tasa de interés interior dada, todo aumento de la renta nacional se traducirá en un aumento de las importaciones que, aunque no se compensan por un aumento de las exportaciones, provocará una degradación de la balanza de transacciones corrientes y de la balanza de pagos. Como hemos explicado antes, un aumento del tipo de interés acarreará una disminución de la inversión interior.

Cabe destacar que la pendiente de la curva BP depende en gran medida de la movilidad internacional de los capitales, movilidad que ella misma depende del diferencial entre el tipo de interés nacional y los tipos de interés practicados en otros países, pero también de las restricciones eventuales impuestas por los países a nivel de la entrada y salida del capital del territorio nacional.

- **Si la balanza de pagos es deficitaria (BP < 0),** los agentes nacionales piden globalmente más bienes y/o títulos extranjeros de lo que los agentes extranjeros piden de bienes y/o títulos nacionales. En el mercado de intercambio, observamos así una demanda excedentaria de divisas extranjeras contra la moneda nacional.
- **Al contrario, si la balanza de pagos es excedentaria (BP > 0),** los agentes extranjeros piden globalmente más bienes y/o títulos nacionales que los agentes nacionales piden bienes y/o títulos extranjeros. En el mercado de intercambio, observamos una oferta excedentaria de las divisas extranjeras contra la moneda nacional.

La tasa de cambio

Puesto que los agentes nacionales deben pagar sus compras de bienes y de títulos extranjeros en divisa extranjera, estarán obligados a convertir moneda local en su sistema bancario nacional. En términos generales, los acreedores internaciones quieren que les paguen en la moneda de su país y, aunque vendan sus productos al extranjero, también necesitan la moneda del país en el que ejercen su actividad para efectuar pagos allí. Las diferentes operaciones registradas en la balanza de pagos necesitan una conversión de las divisas en la moneda nacional. Un mercado en el que una moneda nacional puede canjearse por la moneda de otro país se llama «mercado de divisas».

- **La determinación de la tasa de cambio.** La tasa de cambio resulta de la confrontación entre la oferta y la demanda de las divisas. La oferta de las divisas emana del extranjero que quiere adquirir mercancías y/o divisas locales, mientras que la demanda de las divisas procede de una entidad que desea obtener títulos financieros y/o moneda de otro país. De esta forma, el flujo de mercancías y del capital a través de las fronteras de los países depende del valor de la tasa de cambio.

LA TASA DE CAMBIO Y APRECIACIÓN DE LA MONEDA

Como recordatorio, la tasa de cambio o tipo de cambio es el precio de una divisa expresada en moneda nacional. En otros términos, es la cantidad de la moneda nacional necesaria para procurarse una moneda extranjera.

- **De esta forma, se aprecia una moneda (se revaloriza) o se reevalúa** cuando se necesita menos moneda nacional para procurarse la divisa de un país determinado. Además decimos que la tasa de cambio de la moneda del país extranjero determinado ha bajado.
- **En cambio, una moneda nacional se deprecia o devalúa** con relación a otra cuando su tasa de cambio ha bajado, es decir, que vale menos que la otra moneda. Se necesitan menos divisas para procurarse una unidad de la moneda del país considerado. Una depreciación de la moneda acarrea

un aumento de las exportaciones y una bajada de las importaciones.

En igualdad de condiciones en los demás aspectos, esta situación se traduce por un excedente de la balanza de transacciones y por un crecimiento de los ingresos. Los términos «reevaluación» y «devaluación» están generalmente reservados para designar los cambios de paridad de una moneda en un régimen de cambios fijos.

- **Los diferentes regímenes de tasa de cambio.** En el sentido estricto, distinguimos dos regímenes de tasa de cambio:
  - el régimen de tasa de cambio fija, que impide que la moneda nacional varíe en relación con las divisas;
  - el régimen de tasa de cambio variable, es decir, la cotización de las monedas que se determina libremente por el mercado de cambios sin intervención los Bancos Centrales de cada país.
- En la realidad, las dos situaciones coinciden rara vez. En la práctica hablamos de tasa de cambio fijo cuando las monedas pueden fluctuar al margen bajo el control de las autoridades monetarias que definen la paridad (tasa de cambio fija definida con relación a un patrón de referencia que determina la conversión de una moneda a otra). Esto significa que las fluctuaciones son temporales y mínimas y que se alternan con períodos en los que la tasa de cambio es fija.
- Por nuestra parte, abordaremos una situación de cambios fijos (fluctuaciones temporales y mínimas que se

alternan con períodos en los que la tasa de cambio es fija) y un régimen de cambio más o menos controlado por las autoridades monetarias del país (tasa de cambio llamada «flexible» o «flotante»).

Presentación del modelo de Mundell-Fleming

Las hipótesis básicas del modelo deben ser las siguientes:

- pequeña economía abierta (en referencia a la talla de la economía nacional comparada con la del mundo);
- perfecta movilidad del capital;
- tipo de interés y tasa de cambio perfectamente flexibles (más o menos controlado por las autoridades monetarias);
- precios supuestos constantes;
- capacidad de los inversores para prever la tasa de cambio futura;
- rigidez a la baja de los precios y salarios (equilibrio de subempleo de los factores de producción).

El modelo de Mundell-Fleming permite analizar la capacidad que tiene la movilidad internacional del capital en la eficacia de la política macroeconómica bajo diferentes regímenes de cambio. A partir del modelo básico IS-LM en economía cerrada se introduce la coacción relacionada con la balanza de pago. Podemos representar el equilibrio macroeconómico en economía abierta por la superposición del esquema IS-LM y de la curva de la balanza de pago (BP).

Como hemos expuesto previamente:

- la curva IS representa el conjunto de las combinaciones de tasa de interés (*i*) y de ingresos (*Y*) que aseguran el equilibrio en el mercado de bienes y servicios;

$$IS : I(i) = S(Y)$$

- la curva LM representa el conjunto de las combinaciones de los tipos de interés (*i*) y de ingresos (*Y*) que aseguran el equilibrio en el mercado monetario

$$LM : M = L1(Y) + L2(i)$$

Finalmente, la curva de la balanza de pago (BP) es también función del ingreso (*Y*) y del tipo de interés (*i*):

$$BP = BTC\ (Y) + BK(i)$$

Sabiendo que la balanza de las transacciones corrientes (BTC) es igual a la balanza comercial (X-M), la balanza de pago puede expresarse también de la siguiente forma:

$$BP = X - M(Y) + BK(i)$$

El equilibrio macroeconómico global se representa de la siguiente forma:

El equilibrio macroeconómico

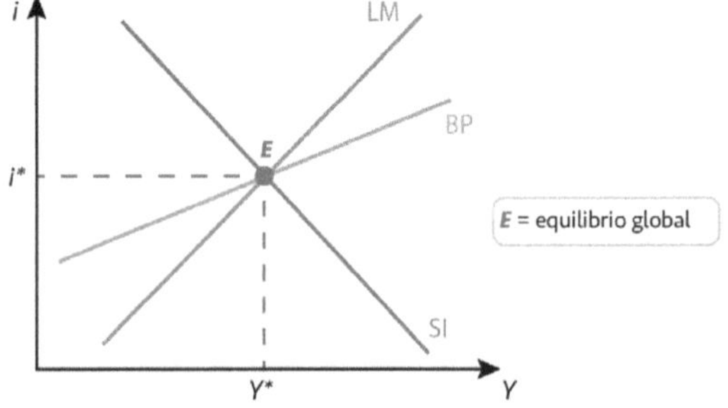

El equilibrio global corresponde al equilibrio simultáneo en el mercado de bienes y servicios (curva IS representada en forma de recta en aras de la claridad), el mercado monetario (curva LM representada en forma de recta en aras de la claridad) y el mercado de intercambios con el exterior (curva BP). Este equilibrio se define en la intersección de las curvas IS-LM-BP. En este punto *E*, los tres mercados están simultáneamente en equilibrio por una pareja única (Y^*, i^*) y por una tasa de cambio determinada. Aunque no aparezca en la gráfica porque no depende directamente del tipo de interés (*i*) y del nivel de producción (*Y*), la tasa de cambio (*e*) participa mucho en el equilibrio macroeconómico global. Su influencia depende del régimen al que está sometida:

- **en régimen de tasa de cambio flexible**, *e* interviene como una variable de ajuste del flujo de bienes y servicios con el exterior e influye la curva BP que se desplaza de acuerdo con su evolución: hacia la derecha cuando *e* aumenta (llamado depreciación) y hacia la izquierda cuando *e* disminuye (llamado apreciación). Estas variaciones acarrean desplazamientos de la curva IS;
- **en régimen de tasa de cambio fijo** en cambio, como *e* estaba determinada independientemente de los intercambios con el exterior, la curva BP no se desplaza y los ajustes se hacen por el intermediario de las medidas que afectan el tipo de interés y la cantidad de moneda. Estas variaciones afectan a la curva LM.

EL EQUILIBRIO MACROECONÓMICO GLOBAL EN FUNCIÓN DEL RÉGIMEN DE LA TASA DE CAMBIO

Teóricamente, puesto que los mecanismos de equilibrio difieren según el régimen de la tasa de cambio, el análisis de los dispositivos de ajustes macroeconómicos en economía abierta conduce a considerar por separado un régimen de tasa de cambio fija y otra tasa de cambio flexible.

En la práctica, encontramos generalmente una combinación de los dos sistemas; un gobierno, por diversas razones, aunque esté en un sistema de cambios fijos, puede, por ejemplo, escoger o estar obligado a apartarse de su sistema de cambios.

La eficacia de las políticas económicas

La política presupuestaria

Una política presupuestaria expansionista (por una subida de gastos públicos o una bajada de impuestos) provoca el desplazamiento a la derecha de la curva IS (IS hacia IS'), en igualdad de condiciones (es decir, que las otras variables económicas, con la excepción de los gastos públicos y los factores del entorno, son constantes). Observemos los efectos diferenciando los cambios flexibles y los cambios fijos.

- En cambios flexibles, la política presupuestaria se traduce por una subida de la demanda interior. En el mercado de bienes y servicios (IS), las empresas aumentan la producción y la renta crece (desplazamiento de la curva IS a IS'). En el mercado monetario, la subida de la renta crea un exceso de demanda que hace aumentar los tipos de interés. Esta apreciación de la moneda reduce la competitividad de la economía nacional (deterioro de la balanza comercial). Como estamos en economía abierta, la subida del tipo de interés atrae los capitales extranjeros y hace que los tipos de interés vuelvan a su nivel inicial ($i0$). Este flujo de capital tiene consecuencias, puesto que acarreará un aumento de la demanda de la moneda. Gráficamente, esta situación se representa de la siguiente forma:

Política presupuestaria en cambios flexibles

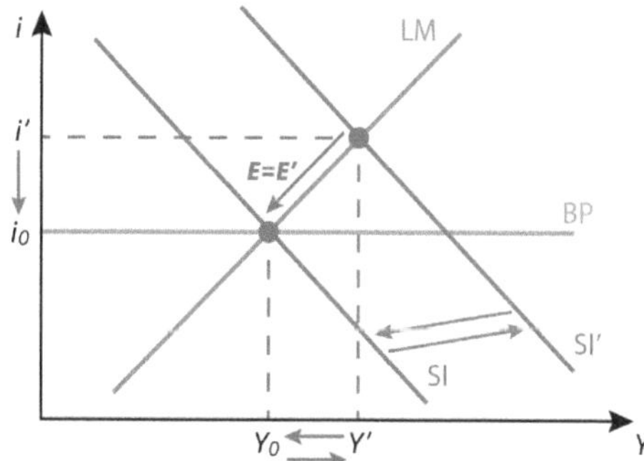

En cambios flexibles, la política presupuestaria es inefi-caz en el modelo Mundell-Fleming.

- <u>En cambios fijos</u>, la primera parte del razonamiento es idéntica a la de la eficacia de la política presupuestaria en cambios flexibles: bajada del tipo de interés (i' a $i0$), un ingreso inalterado ($Y0$ a Y' y luego de y luego de Y' a $Y0$). Como estamos en cambios fijos, la tasa de cambio no puede separarse de su nivel de equilibrio inicial ($i0$) y las autoridades monetarias deben permitirle volver. Por ello existen dos posibilidades:
  - o bien el Banco Nacional aumenta la oferta de la moneda comprando títulos o divisas extranjeras hasta

que el curso vuelva a su nivel original;
- o bien el Banco Nacional deja actuar a los especuladores. Para sacar beneficios, éstos van a comprar divisas por la moneda nacional en el mercado de cambios y luego revender estas divisas por la moneda nacional en el Banco Nacional (que financia la compra de las divisas por la creación monetaria).

En los dos casos, la masa monetaria aumenta y asistimos a un desplazamiento hacia la derecha de la curva LM (LM hacia LM'). Gráficamente, esta situación se representa de la siguiente forma:

Política presupuestaria en cambios fijos

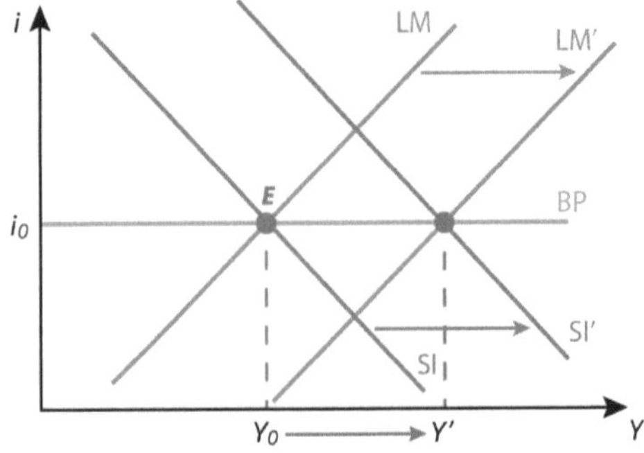

En cambios fijos, la política presupuestaria es eficaz. El tipo de interés permanece inalterado cuando observamos un aumento de la renta (Y a Y').

Una subida de la masa monetaria (LM a LM') reduce el tipo de interés y aumenta los ingresos. La subida de los ingresos reactiva las importaciones que deterioran la balanza corriente (o balanza comercial X-M). La bajada de los tipos de interés hace que los títulos nacionales (deterioro de la balanza de los capitales) sean menos atractivos. Los dos efectos conjugados se traducen en un deterioro de la balanza global de pagos y en un exceso de la oferta de la moneda nacional por las divisas en el mercado de cambios (tendencia al deterioro de la moneda nacional).

- <u>En cambios flexibles,</u> la tasa de cambio se ajusta para equilibrar el mercado de cambios, lo que acarrea una depreciación de la moneda nacional (subida de la tasa de cambio). La depreciación mejora la competitividad de los productos nacionales y la balanza corriente (IS a IS' y BP a BP'), lo que permite restablecer el equilibrio en el mercado de cambios. El nuevo equilibrio se establece en *E'* para un nivel de ingreso más elevado con relación al equilibrio inicial. La eficacia de la política monetaria está relacionada con la depreciación de la moneda nacional que genera y que estimula las exportaciones.

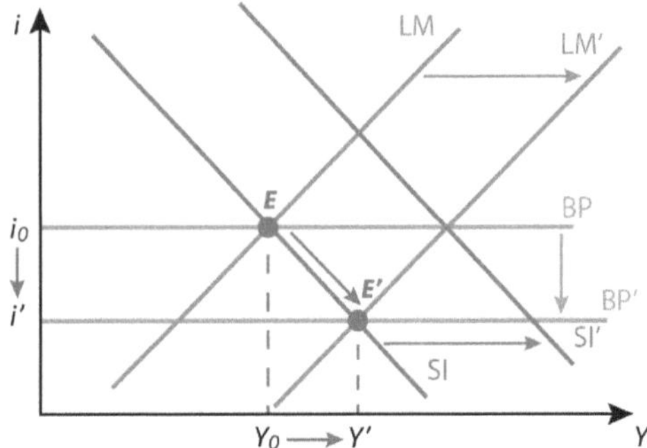

La política monetaria permanece eficaz en cambios flexibles con la hipótesis de la movilidad perfecta del capital, cuando el tipo de interés nacional es idéntico al tipo de interés del extranjero.

• En cambios fijos, una subida de la masa monetaria acarrea un desplazamiento hacia la derecha de la curva LM (LM a LM'). Este desplazamiento tiene como consecuencia la bajada del tipo de interés y una tendencia a la depreciación de la tasa de cambio. Para garantizar la estabilidad de la tasa de cambio y la igualdad entre el tipo de interés nacional y el extranjero, el Banco Nacional reduce la masa monetaria. Gráficamente, la situación se representa de la siguiente forma:

Política monetaria en cambios fijos

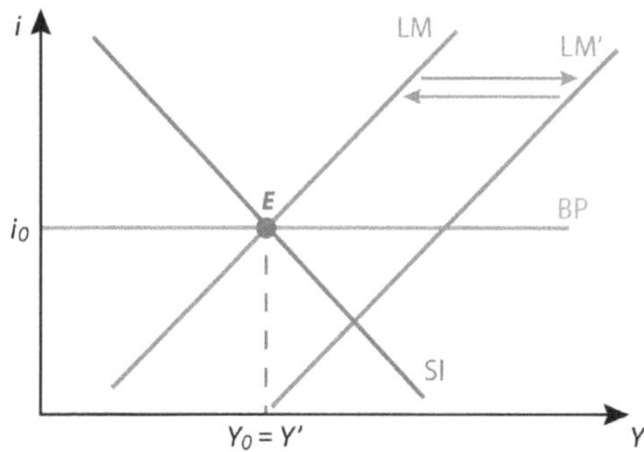

La política monetaria en cambios fijos es ineficaz.

El triángulo de las incompatibilidades

El triángulo de las incompatibilidades de Mundell nos enseña que no podemos considerar conjuntamente cambios fijos, una perfecta movilidad del capital y una política monetaria independiente (que permite fijar la oferta de la moneda al nivel deseado). Hay que renunciar necesariamente a uno de estos tres elementos.

Supongamos, por ejemplo, que estamos en régimen de cambios fijos y de libertad de movimientos de capital. Esto significa que el Banco Central debe convertir en moneda nacional las divisas extranjeras de todo agente económico que quiera entrar en el mercado nacional. Debido a la tasa de cambio, está obligado a crear moneda nacional para satisfacer esta demanda extranjera y no para mantener la estabilidad de los precios. Por ello, la política monetaria ya no es autónoma (puede actuar sobre la oferta de la moneda para mantener la estabilidad de los precios).

De la misma forma, si los agentes nacionales orientan mucho capital al extranjero y convierten de esta forma mucha moneda nacional en divisas extranjeras, el Banco Central solo puede asistir, impotente, a esta reducción de la masa monetaria nacional. De esta forma, la política monetaria de un país está fuertemente condicionada por la internacionalización de su economía. En este caso, el papel del Banco Nacional se resume esencialmente en el de un agente de cambio.

Hoy en día, después de la caída del sistema Bretton Woods, que había sucedido a otro sistema de cambio fijo (el del patrón oro), la mayoría de las monedas están en régimen de cambios flexibles. Puede tratarse de un medio como otro para salvaguardar la autonomía de las políticas monetarias nacionales en un contexto internacional caracterizado por la libertad de circulación del capital.

Las zonas monetarias óptimas

En su artículo de 1961 sobre «las zonas monetarias óptimas», Mundell se pregunta por la legitimidad, de los países, para abandonar su soberanía monetaria en beneficio de una moneda única.

Después de examinar rápidamente las ventajas de una moneda única (principalmente la bajada de costes de las transacciones y la reducción de la incertidumbre en los precios relativos: precio de un bien en unidad de otro bien), el autor detalla los inconvenientes. El más importante de ellos atañe a la dificultad de coordinación de las políticas de empleo a escala de la zona monetaria como consecuencia de las crisis asimétricas que pueden sobrevenir (crisis locales o comunes cuyos efectos están diferenciados o son específicos para cada miembro, por oposición a las crisis simétricas que son crisis que afectan a cada miembro con el mismo impacto).

Para Mundell, una zona monetaria óptima representa un conjunto de regiones o de países cuyas relaciones monetarias están determinadas o por cambios fijos o por una moneda única, siendo así capaces de responder a crisis simétricas, asimétricas o reales.

Otros investigadores como Jeffrey Frankel (profesor de la formación del capital y del aumento en la universidad de Harvard) y Andrew K. Rose (profesor de análisis de políticas económicas en la universidad de California) han aportado una mayor contribución a la problemática de las zonas monetarias óptimas. En su artículo «The Endogeneity of The Optimim Currency Area Criteria» (Jeffrey y Rose 1998, 1009-25), los autores aseguran que una zona monetaria es óptima cuando las economías de los miembros que la componen están correlacionadas (si una economía está en crecimiento, las otras también y viceversa). Esta correlación permite la sincronización de los ciclos económicos (alternancia de los períodos de crecimiento, de estabilización y de disminución). Aunque se conozcan algunos límites, la manera en la que Mundell formuló el problema al principio sigue influenciando a generaciones de economistas.

Se ha admitido y aceptado que hay que tener en cuenta tres

variables de ajuste para caracterizar una zona monetaria óptima:

- la movilidad de los factores de producción, en especial el del trabajo;
- las transferencias presupuestarias;
- la flexibilidad de precios y salarios.

A cada uno le corresponde considerar si la zona euro y Estados Unidos son zonas monetarias óptimas respecto a estas tres variables de ajuste o no.

EL MODELO DE MUNDELL-FLEMING Y LA CONSTRUCCIÓN EUROPEA

CONTEXTO

Desde los años setenta, después de la caída del sistema de Bretton Woods (régimen de cambios fijos), los países europeos experimentan crisis repetitivas que cuestionan la orientación de las políticas económicas de los Estados. Desde los años ochenta, momento en el que se produce la entrada en el período de flote de las monedas (variaciones de las tasas de cambio), los europeos intentan neutralizar las fuerzas de desestabilización de las monedas mediante programas de ajuste muy costosos.

De esta constatación nace la idea de la necesidad de una verdadera construcción monetaria europea cuya misión será hacer desaparecer las diferencias entre tasas de cambio de los países de esta zona. Además, detrás de este entusiasmo se esconde una voluntad común de cuestionar la supremacía del dólar americano en los intercambios internacionales.

VENTAJAS PERSEGUIDAS

Es un fenómeno singular ver a los países en tiempo de paz abandonar voluntariamente su moneda nacional para adoptar otra con la posibilidad de que la política monetaria sea un instrumento de regulación macroeconómica. Esto puede comprenderse con la lectura del *Informe Delors* (1989) que retoma las desventajas de la ausencia de una unión monetaria.

Las ventajas de la unión monetaria europea se distinguen en tres niveles.

- **Eficiencia microeconómica de la unión monetaria con impacto en el crecimiento:**
  - La supresión de las conversiones de unas monedas por otras acarrea una disminución de la incertidumbre e incita a las empresas a invertir para incrementar su actividad (el mercado interior corresponde a la zona europea);
  - La supresión de los costes de las transacciones entre las monedas acrecienta la movilidad de las personas y capitales con, en consecuencia, una mejor asignación de recursos.
- **Estabilidad macroeconómica:**
  - En el centro de la estrategia de la unión monetaria se encuentra el Banco Central Europeo (BCE). Dado que disfruta de cierta autonomía gracias a un mandato atribuido por los estados (que fija la misión y los medios para cumplirla) desde su creación en 1998, es el único que determina la política monetaria a escala de toda la zona euro;
  - El objetivo del Banco Central Europeo es asegurar la estabilidad de los precios. Si no está amenazada, el BCE puede obrar (ya que no se trata de su primera misión) como apoyo de la actividad económica poniendo a disposición de los agentes económicos (hogares, empresas e instituciones públicas) la liquidez necesaria;
  - La credibilidad del Banco Central Europeo está relacionada con su mandato jerárquico y con su independencia. Su supremacía en relación con los Bancos

Centrales Nacionales (mandato jerárquico) no acarrea
la desaparición de éstos, ya que están integrados en
el Sistema Europeo de Bancos Centrales (SEBC) y los
gobernadores de los Bancos Nacionales se reúnen el
centro del BCE.
* **Autonomía externa reforzada:**
  ◦ Desde la adopción del Pacto de Estabilidad y de
    Crecimiento (PEC) en 1997, los Estados miembros es-
    tán sujetos a mejorar la situación desde que constatan
    un déficit público de su PIB (Producto Interior Bruto,
    que corresponde a la suma de la riqueza producida en
    un país en un año) más allá del 3% y una deuda pública
    (total de los contratos de un Estado expresado en
    porcentaje del PIB) superior al 60% del PIB;
  ◦ La bajada de los tipos de interés por el BCE acarrea un
    desplazamiento hacia la derecha de la curva IS.

IMPACTO DEL MODELO

El modelo de Mundell-Fleming se impuso como un argumento teórico a favor de una unión monetaria europea y
plantea el marco general de la política económica en el
seno de la zona euro. El modelo sigue siendo instructivo
hoy en día. Robert A. Mundell, testimonio del vínculo entre
el modelo y la unificación monetaria europea, obtuvo el
Premio Nobel de Economía en 1999, fecha de la unificación
monetaria.

LÍMITES Y EXTENSIONES DEL MODELO DE MUNDELL-FLEMING

LÍMITES Y CRÍTICAS DEL MODELO

El modelo de Mundell-Fleming lo critican por ciertos puntos diferentes economistas, como los estadounidenses Milton Friedman (1912-2006), Anna Schwartz (1915-2012), Lucas Robert Emerson Jr. (nacido en 1937) y Robert Barro (nacido en 1944).

- La primera crítica atañe a la disminución de los tipos de interés como consecuencia del aumento de la oferta de moneda. Anna Shwartz y Milton Friedman muestran que un aumento de la moneda no puede disminuir el tipo de interés. La subida de la cantidad de moneda en circulación genera una subida de los ingresos nominales (ingresos no corregidos por la inflación) que se traduce en una subida equivalente a la demanda de la moneda. Además, el aumento de la cantidad de moneda genera un aumento de los precios. Al final, el efecto de un aumento de la cantidad de moneda sobre el tipo de interés permanece inalterada.
- Lucas Robert Emerson y Robert Barro también critican el modelo por la falta de fundamentos microeconómicos (basados en los comportamientos de los individuos) en la construcción de la curva IS. Toda política monetaria anunciada antes de su entrada en vigor conduce a los agentes económicos (empresas y hogares) a adaptar su comportamiento. Se trata del principio de las anticipaciones racionales que conduce toda política monetaria

anunciada hacia el fracaso. Además, para los dos autores, las fluctuaciones de la actividad económica están basadas en ciclos económicos (alternancia de períodos de crecimiento, de estabilización y de recesión). Así pues, la política monetaria no tiene efecto en la economía real.

- Otros reprochan al modelo que la política monetaria se presente como la fijación de la oferta de la moneda. Para los monetaristas, entre ellos Milton Friedman, esta representación no se corresponde con la práctica de los Bancos Centrales que fijan el tipo de interés a corto plazo para determinar sus estrategias monetarias.

- Para Mundell y Fleming, la reserva de capital es constante, razón por la que los dos autores se concentran en las fluctuaciones a corto plazo. Esta visión de las cosas no tiene en cuenta el proceso de acumulación de riquezas y de activos.

- La quinta crítica dirigida al modelo señala la visión keynesiana rígida del ahorro que presenta. Según él, un aumento del déficit público acarrea una subida de los ingresos por el multiplicador keynesiano. La subida de la renta genera a su vez subidas del ahorro y del tipo de interés, y una disminución de las inversiones. Los economistas clásicos critican esta hipótesis, ya que ellos defienden la idea por la que, cuando el déficit del Estado aumenta, los agentes económicos ahorran más porque prevén una subida de los impuestos y de las tasas. Los agentes económicos ahorran no para financiar la inversión (modelo de Mundell-Fleming), sino para pagar los futuros impuestos que resultan de la subida del déficit público (el Estado financia el déficit con la retención del impuesto).

- El modelo Mundell-Fleming no distingue entre las obligaciones, los bonos del Tesoro (deudas emitidas por el Estado y reembolsables en un plazo determinado), los títulos de crédito (títulos de comercio negociables que permiten al beneficiario recibir una suma de dinero en una fecha indicada en ellos), etc. Para los autores, los únicos activos financieros (que son perfectamente sustituibles) son la moneda y las obligaciones. Esta característica no permite dar cuentas de la realidad financiera y bancaria.
- Finalmente, el modelo no prevé las crisis de la oferta como las crisis del petróleo. Como no se plantea el problema de la oferta, las empresas proporcionan toda la cantidad pedida al precio de venta inicial.

MODELO CONEXO Y EXTENSIÓN

En 2002, los economistas Javier Ortiz y Carlos A. Rodríguez aportaron una contribución suplementaria al modelo Mundell-Fleming integrando el factor de riesgo del país. Los dos autores formulan la hipótesis de que el riesgo (probabilidad de impago durante el año) de un país depende del déficit público (deuda pública) y de los activos financieros exteriores de este país. De este modo, un país que tiene una deuda pública elevada tiene un riesgo elevado, ya que está muy endeudado para cumplir sus compromisos. En cambio, un país que posee muchos activos financieros exteriores tiene un riesgo débil puesto que dispone de medios suficientes para mantener sus compromisos.

Según su contribución, una política monetaria expansionista (aumento de la cantidad de moneda en circulación en un país) en cambios fijos puede acrecentar el riesgo del país y el tipo de interés nacional, además de reducir la producción nacional (renta nacional).

Este resultado se ilustra con dificultad en un gráfico del modelo del equilibrio general puesto que la pendiente de la curva IS es negativa (el aumento de la renta acarrea la bajada del tipo de interés) y la de la LM es positiva (un aumento de la renta conduce a la subida del tipo de interés).

EN RESUMEN

- El modelo de Mundell-Fleming es una extensión en economía abierta del modelo de equilibrio macroeconómico IS-LM que es una transcripción de los elementos de la *Teoría general* de John M. Keynes en términos neoclásicos.
- Este modelo permite analizar diferentes situaciones de cambio con el objetivo de comprender cómo la elección entre la tasa de cambio fijo y la tasa de cambio variable afecta a la eficacia de las políticas económicas en una economía abierta a los intercambios internacionales.
- El modelo de Mundell-Fleming nace en los años sesenta cuando todos los países están unidos por cambios fijos en el seno del sistema de Bretton Woods. Responde a la incapacidad del modelo IS-LM de revelar la realidad económica de los Estados en situación de apertura al comercio internacional.
- Para comprender las consecuencias de los intercambios internacionales en el equilibrio interior, hay que integrar el equilibrio de la balanza de pago al modelo IS-LM, como lo han demostrado Robert A. Mundell y Marcus Fleming.
- El equilibrio global se corresponde con el equilibrio simultáneo del mercado de bienes y servicios (curva IS), el mercado monetario (curva LM) y el mercado de los intercambios con el exterior (curva BP). Este equilibrio se define en la intersección de las curvas IS-LM-BP. Esto demuestra que:
  - una política presupuestaria expansionista en cambios flexibles es ineficaz y se traduce por una subida de la demanda interior. En cambio, en cambios fijos, una po-

lítica presupuestaria resulta fructífera: esto se traduce por un tipo de interés sin cambios y un aumento de la renta o del producto nacional de un país determinado;

- ○ una política monetaria expansionista en cambios flexibles es eficaz y se traduce por una depreciación de la moneda nacional y una estimulación de las exportaciones bajo la hipótesis de la movilidad perfecta de los capitales. En cambio, en cambios fijos, una política monetaria resulta infructuosa y tiene como consecuencia la bajada del tipo de interés y una tendencia a la depreciación de la tasa de cambio.

- El triángulo de las incompatibilidades de Mundell nos enseña que no podemos observar conjuntamente cambios fijos, una perfecta movilidad del capital y una política monetaria propia de cada estado. Hay que renunciar necesariamente a uno de los tres elementos.

- Para Mundell, una zona monetaria óptima representa un conjunto de regiones o de países cuyas relaciones monetarias se rigen por cambios fijos o por una moneda única.

- A pesar de las críticas de los economistas como Anna Schwartz, Milton Friedman, Lucas Robert Emerson Jr. y Robert Barro, el modelo Mundell-Fleming se impone como un argumento de peso a favor de la unificación monetaria europea.

- En 2002, Javier Ortiz y Carlos A. Rodríguez aportaron una contribución suplementaria al modelo Mundell-Fleming integrando el factor de riesgo del país.

PARA IR MÁS ALLÁ

FUENTES BIBLIOGRÁFICAS

- Abraham Frois, Guilbert. 1991. *Keynes et la macroéconomie contemporaine*. París: Economica.
- Blanchard Olivier y Cohen Daniel. 2004. *Macroéconomie*, 3.ª edición. Montreuil: Pearson Education France.
- Académie Limoges. 2013. "La balance des paiements". *BTS Banque*. 2 de septiembre. Consultado el 30 de noviembre de 2016. http://bts-banque.nursit.com/La-balance-des-paiements
- Comisión de las Comunidades Europeas. 1990. "One market, one money". Informe Emerson. *European Economy*, n.º 44.
- Frankel, Jeffrey y Andrew Rose. 1998. "The Endogeneity of the Optimum Currency Area Criteria". *Economic Journal*, vol. 108, n.º 449, 1009-1025.
- Guerrien, Bernard y Ozgur Gun. 2000. *Dictionnaire d'analyse économique*. París: La Découverte.
- Hansen, Alvin. 1960. *Teoría monetaria y política fiscal*. Madrid: Fondo de Cultura Económica de España.
- Hicks John. 1937. "Mr Keynes and The Classics: A Suggested Interpretation". *Econometrica*, vol. 5, 147-159.
- Keynes, John. 2006. *Teoría general de la ocupación, el interés y el dinero*. Madrid: Fondo de Cultura Económica de España.
- Krugman, Paul, Maurice Obstfeld, Marc Melitz, Gunther Capelle-Blancard, Matthieu Crozet. 2012. *Économie internationale*, 9.ª edición. Montreuil: Pearson Education France.

- Mundell, Robert. 1961. "A Theory of Optimum Currency Areas". *American Economic Review*, vol. 51, 657-665.
- Ortiz, Javier y Carlos Rodríguez. 2002. "Country Risk and The Mundell-Fleming Model". *Journal of Applied Economics*, vol. 5, n.°2.
- Padoa Schioppa, Tommaso. 1985. "Europe. Monnaie et politique économiques". *Perspectives européennes*. Luxemburgo: Oficina de Publicaciones de la Unión Europea.
- Pichon-Mamère, Françoise. "Mundell Robert A. (1932-)". *Encyclopædia Universalis*. Consultado el 19 de mayo de 2015. http://www.universalis.fr/encyclopedie/robert-a-mundell/

FUENTES COMPLEMENTARIAS

- Greffe, Xavier. 1993. *Comprendre la politique économique.* París: Economica.
- Lordon, Frédéric. 1997. *Les quadratures de la politique économique. Les infortunes de la vertu.* París: Albin Michel.

¡APRENDER NUNCA ANTES FUE TAN RÁPIDO!

www.en50minutos.es